W0417541

Le Cahier de vacances sportif

des 2 Phil'

100 jeux et exercices pour conquérir les podiums

En soutien à l'association Léo

LĒO

NE JAMAIS RIEN LÂCHER

Conception graphique : Romain Dumas

82, rue Saint-Lazare
CS 10124
75009 Paris
ISBN : 978-2-0804-4743-2

Philippe Caverivière

Cami

Philippe Croizon

Le Cahier de vacances sportif des 2 Phil'

100 jeux et exercices pour conquérir les podiums

ARTHAUD

L'association Léo

Delphine Chanoyan, la présidente et fondatrice de l'association, a été profondément marquée par l'accompagnement des associations lors de la maladie de son fils, Léo, décédé d'un cancer rare à 15 ans. En 2018, elle décide de mettre sa pierre à l'édifice et d'honorer la mémoire de son enfant en créant l'association Léo.

L'association Léo porte des objectifs multiples : financer la recherche et la lutte contre les cancers pédiatriques et la leucémie, aider moralement et financièrement les enfants malades et leurs familles, et soutenir les associations militant pour une évolution des lois et une augmentation des budgets de la recherche.

« Ne jamais rien lâcher », telle était la devise de Léo.

Introduction

Comme disait le poète :
« L'été s'ra chaud, l'été s'ra chaud,
dans les tee-shirts, dans les maillots. »
Pour ne pas suer idiot, nos deux Phil'
t'ont concocté un cahier de vacances
sportif digne des plus grands champions.

Français, maths, sciences, langues... affûte
ton esprit et tes muscles pour monter
sur la première marche du podium !

Échauffe-toi...
À vos marques ! Prêts ?
Rigolez !

Histoire-géo

Exercice 1

En 1894, Pierre de Coubertin invente les Jeux olympiques modernes en s'inspirant des Jeux olympiques de la Grèce antique. Quelle célèbre déclaration lui attribue-t-on ?

Français

Exercice 1

La ministre des Sports trouve que 2 700 euros pour assister à une compétition sportive « est en effet très élevé ». Heureusement, Léo est là pour lui rappeler le nom que l'on donne à une affirmation si évidente qu'elle en devient ridicule.

SVT

Exercice 1

Contre laquelle de ces vilaines bestioles ce nageur devra-t-il se battre quand il devra faire trempette dans la Seine ?

Physique-chimie

Exercice 1

Aide ce sportif à trouver quelles substances s'injecter avant son épreuve d'athlétisme. Attention, seulement trois servent à se doper !

1. Érythropoïétine
2. Glucocorticoïde
3. Anthraquinone
4. Tétrahydrocannabinol
5. Rodenticide

Mathématiques

Exercice 1

Résous le problème suivant :
Pierre est un SDF parisien. Sachant qu'il boit déjà 4 bouteilles de vin par jour, combien de bières Pierre devra-t-il boire dans le wagon-bar pour être bourré le temps de son voyage en train de deux heures et demie vers une ville de province où il est emmené pour ne pas polluer le paysage cet été ?

Langues vivantes

Exercice 1

Que va répondre un sympathique serveur parisien aux touristes japonais lui demandant de leur indiquer le Stade de France ?

EPS

Exercice 1

Résous ces rébus pour découvrir l'engin que Linoy Ashram, championne de GRS, ne doit PAS utiliser à l'entraînement si elle ne veut pas finir comme Philippe Croizon.

Récréation

Exercice 1

Les animaux sont comme nous, ils ont des sentiments !
Sur ce dessin, Léo est heureux car il aime les grands rendez-vous sportifs.
Complète et colorie les autres dessins pour exprimer ce que ressent Léo.

Léo est triste car les places pour les épreuves sont trop chères.

Léo a peur car il croise des hooligans dans la rue.

Léo dort car il assiste à une partie de curling.

Histoire-géo

Exercice 2

Quel outil est le plus efficace pour renvoyer cet étudiant chez lui car on l'a viré de son logement du Crous de Paris cet été ?

Français

Exercice 2

Quand le sportif est confronté à la défaite, il est capable de redoubler d'imagination pour se trouver les meilleures excuses. Trouve la seule excuse qui n'a pas été entendue.

SVT

Exercice 2

Nomme les parties du corps dont ce touriste espagnol fan de sport va devoir se séparer cet été pour payer son logement à Paris.

1 ____________________

2 ____________________

3 ____________________

4 ____________________

5 ____________________

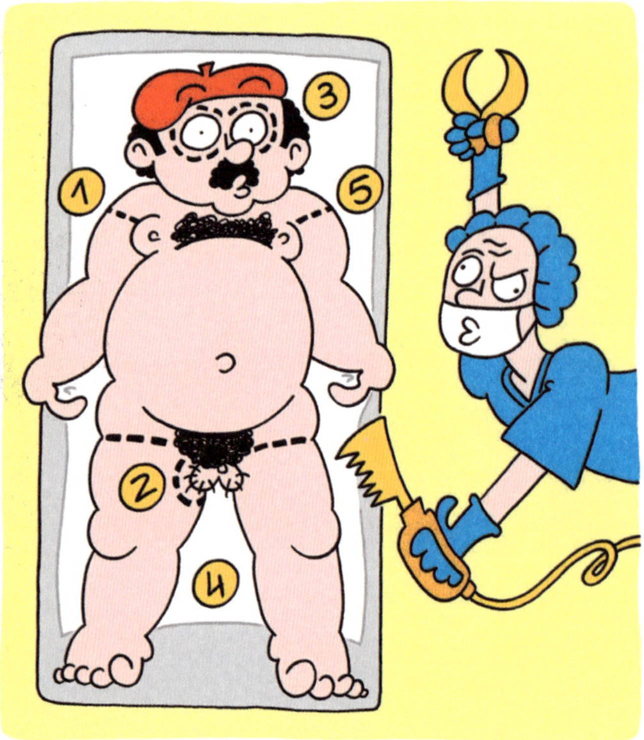

Mathématiques

Exercice 2

Malo est un sportif médiocre. D'un immeuble de quelle hauteur doit-il sauter pour devenir infirme et espérer briller en handisport ?

Physique-chimie

Exercice 2

Titouan veut prendre le métro à Paris, mais il est en fauteuil roulant et le métro n'est pas adapté car tout le monde s'en fiche des personnes à mobilité réduite. À quelle loi physique va-t-il se frotter ?

1. La loi universelle de la gravitation. Il va s'étaler sur le bitume, se casser les dents, mais heureusement ses jambes ne sentent pas la douleur.

2. La loi du code des transports. Il va se faire arrêter par un contrôleur qui va lui mettre 50 euros de contravention parce qu'il n'a pas payé son ticket. Handicapé et radin en plus !

3. La loi de la jungle. Il va se faire aider par deux hommes bien aimables qui vont porter son fauteuil et l'aider à réaliser son trajet en toute quiétude (non, on déconne, évidemment il va se casser la gueule).

Langues vivantes

Exercice 2

On vient de proposer une chambre chez l'habitant à 500 euros la nuit à Paris à ces supporteurs de foot. Peux-tu nous aider à traduire leurs réponses ?

- Je t'invite à te faire visiter le renflement brun.
- Je te prie d'agréer mes sentiments les moins distingués.
- Veuillez écarter vos fesses pour que j'y insère un objet non dédié à cela afin de vous procurer une sensation fort douloureuse.
- Fils de femme de joie faisant payer ses charmes.

EPS

Exercice 2

Notre Philippe Croizon est un grand sportif ! Cependant, il ne peut pas pratiquer toutes les disciplines. Barre les équipements sportifs qu'il n'aura pas besoin d'acheter.

Récréation

Exercice 2

Il ne reste presque plus d'espace de libre sur la peau de Philippe Caverivière. Relie les points, colorie et découvre quel sera son dernier tatouage.

Histoire-géo

Exercice 3

Dictateur rime souvent avec grand cœur et les dirigeants de Corée du Nord ne font pas exception à la règle : en autorisant les athlètes nord-coréens à participer à des compétitions internationales, Kim-Il Sung, Kim Jong-il et Kim Jong-un ont offert à leur peuple de nombreuses médailles d'or. Félicitations aux trois dirigeants suprêmes !
Mais dans quelle discipline « sportive » la Corée du Nord s'est-elle le plus illustrée à travers le monde ?

Français

Exercice 3

Trouve le mot manquant aux livres que ce bouquiniste aurait pu se ranger dans les fesses pendant l'été.

1. *La* ________ d'Albert ________ .
2. *Le* _*Rouge*_ *et le noir* de _*STENDAHL*_ .
3. *Les* _*Confessions*_ de Victor _*HUGO*_ .
4. *Pierre et* ________ de ________ de Maupassant.
5. *Les* ________ *du* ________ de Charles ________ .

SVT

Exercice 3

À quelle épreuve de handisport ces spectateurs ont-ils assisté ?

1. ________
2. ________
3. ________
4. ________
5. ________

Récréation

Exercice 3

Pour être premier de la classe, rien de plus facile. Attrape tes crayons de couleur et suis les traces de Gabriel Attal, direction Matignon !

EPS

Exercice 3

Le sport paralympique peine à attirer les foules. Que pourrait faire Philippe Croizon pour vendre plus de billets ?

1. Porter un tutu et faire des pointes sur ses moignons.

2. Se déguiser en homme-statue et mimer la *Vénus de Milo* dans la rue.

3. Rien. Philippe et les athlètes paralympiques ont déjà fait plus d'exploits que vous n'en ferez dans toute votre vie.

4. Se dévouer pour remplacer le disque lors d'une épreuve de hockey sur glace.

Physique-chimie

Exercice 3

On connaît le bon air de la mer, l'air vivifiant de la montagne, l'air pur de la campagne, on goûte moins l'air bien dégueulasse de la ville, et pourtant des marathoniens courent dans les rues de Paris... Après avoir respiré le bon air parisien à pleins poumons pendant deux heures, où vont aller les coureurs survivants ?

1. Sur le podium.
2. À l'hôpital Bichat en réa.
3. À l'hôpital Saint-Antoine en réa.
4. À l'hôpital américain car l'hôpital public, c'est pas ouf...

Mathématiques

Exercice 3

Le record mondial d'haltérophilie est attribué au Géorgien Lasha Talakhadze qui a soulevé 488 kilos en cumulant 223 kilos à l'arraché et 265 kilos à l'épaulé-jeté. Sachant que notre Philippe Croizon pèse 61 kilos, combien a-t-il soulevé de Philippe ?

488 | 61
00 | 8

Langues vivantes

Exercice 3

Certains sportifs aiment profiter de leur temps libre pour faire la fête. Marco Verratti, l'ancien footballeur parisien et principalement jet-setteur, n'échappe pas à la règle. Ce matin, il est arrivé complètement saoul à son entraînement. Aide son coach à déchiffrer ses propos.

Histoire-géo

Exercice 4

Les touristes vont envahir Paris cet été ! Pour éviter tout encombrement, choisis un lieu de stockage !

1. La salle des fêtes de Douarnenez.
2. La place du marché de Sochaux.
3. Le parking du Lidl de Villeurbanne.
4. La maison de Philippe Croizon à La Rochelle.

SVT

Exercice 4

En natation, Léon Marchand est notre espoir national, c'est une bête des podiums mais par rapport au règne animal, l'homme n'est pas forcément le plus rapide dans l'eau…
Relie chaque nageur à sa vitesse.

Récréation

Exercice 4

Après l'effort, le réconfort ! Quand il a terminé sa séance de sport quotidienne, Philippe aime se détendre en faisant un Sudoku. Aide-le à compléter sa grille.

Physique-chimie

Exercice 4

Le footballeur brésilien Neymar est encore blessé ! Il est en repos forcé cet été. Amoureux de la fête et des jolies demoiselles, il cherche une reconversion comme barman. Aide-le à apprendre son nouveau métier en plaçant les bons ingrédients pour chaque cocktail.

EPS

Exercice 4

Après l'Euro 2024 en Allemagne, Kylian Mbappé aimerait bien concourir pour une médaille d'or à Paris… Quel événement historique aura lieu en cas de double victoire ?

Son melon risque de rester coincé dans l'Arc de triomphe.

Il exigera de renommer la capitale « Kylian City ».

Il fera remplacer la tour Eiffel par une immense statue à son effigie.

Le peuple envahira l'Élysée pour y déloger Emmanuel Macron et y installer Kiki sur le trône de France.

Récréation

Exercice 5

Quelles disciplines sportives Philippe Croizon ne peut-il plus réaliser depuis 1994 ?

1. Ouvrir les huîtres pour le réveillon.
2. Éplucher des oignons sans pleurer.
3. Traverser la Manche à la nage.
4. Monter un meuble IKEA.
5. Faire le rallye Dakar.
6. Ranger un appareil à raclette dans sa boîte.

Mathématiques

Exercice 4

Anne Hidalgo a promis de se baigner dans la Seine. Sachant que 99,9 % des 2 145 000 Parisiens souhaitent voir la maire de Paris se noyer, combien d'habitants vont tenter de la jeter dedans avant son plongeon officiel ?

Histoire-géo

Exercice 5

L'hymne national français est très belliqueux. Remplace les mots en gras avec les termes proposés pour créer un hymne plus en adéquation avec les valeurs sportives.

Allons ! Enfants de la patrie !
Le jour de gloire est arrivé !
Contre nous de la tyrannie,
L'étendard sanglant est levé ! (bis)
Entendez-vous dans les **campagnes**
Mugir ces **féroces soldats** ?
Ils viennent jusque dans vos bras
Égorger vos fils, vos compagnes

Le V de la victoire – stades – divertir – sympathiques athlètes étrangers – Tous ensemble réunis à Paris

Allons ! Enfants de la patrie !
Le jour de gloire est arrivé
____
________________________ est levé ! (bis)
Entendez-vous dans les ______________
Mugir ces ________________________ ?
Ils viennent jusque dans vos bras
______________ vos fils, vos compagnes

Récréation

Exercice 6

Invente les couleurs des drapeaux de ces pays qui n'existent pas et ne peuvent pas gagner de vraies médailles d'or.

EPS

Exercice 5

Qui peut espérer battre Teddy Riner sur un tatami ?

1. Un tigre du Bengale.
2. Un terroriste avec une ceinture d'explosifs.
3. Jean-Claude Van Damme qui vient de boire de l'eau.
4. Philippe Caverivière, armé d'un 33 millimètres.

Français

Exercice 4

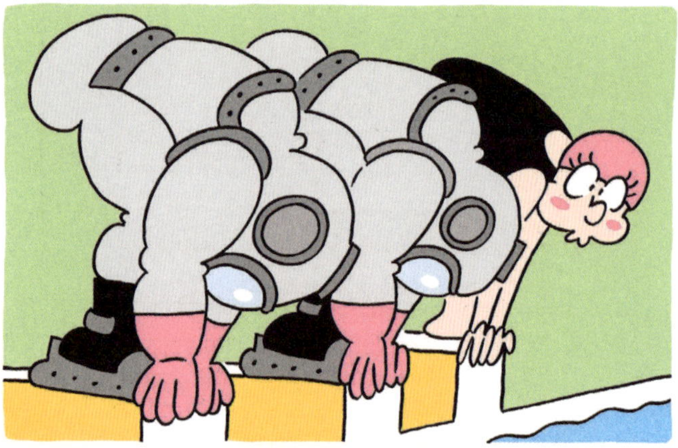

Complète cette phrase avec les bonnes terminaisons :

Les nageuses ont [oublier] **de se** [changer] **avant de** [plonger] **donc elles ont** [couler]**, se sont** [noyer] **et n'ont pas** [gagner] **de médaille.**

Exercice 6

Après un long voyage, Philippe Croizon arrive enfin dans la capitale ! Mais des derniers obstacles se dressent encore sur son chemin. Aide-le à atteindre sa destination en évitant les dangers parisiens.

Récréation

Exercice 7

Il serait temps de récompenser nos athlètes ! Nos deux Phil' et Léo ont bien mérité une médaille. Mais laquelle vont-ils obtenir ? Suis les chemins pour savoir qui recevra les médailles d'or, d'argent ou de bronze.

Histoire-géo

Exercice 7

Laquelle de ces disciplines a déjà été organisée lors de compétitions officielles ?

Français

Exercice 5

Afin de rétablir la vérité, transforme cette affirmation en négation.

Comme lors de chaque rendez-vous sportif international, la France est la nation qui a remporté le plus de médailles.

EPS

Exercice 6

Quelle discipline sportive aimerait beaucoup pratiquer Rachida Dati avec Anne Hidalgo ?

Physique-chimie

Exercice 5

L'alimentation est primordiale pour un athlète !
Barre les plats qu'un nageur se doit d'éviter avant un 400 mètres nage libre, pour ne pas prendre le risque de salir la piscine.

Un chili con carne tex mex avec son litre de sangria.

Un curry de poulet coco à l'indienne avec son muscadet.

Une escalope de veau au citron et son eau minérale.

Un burrito XXL spicy red hot beef and bean avec sa tequila.

Histoire-géo

Exercice 8

Ces animaux marins vont bien se régaler en mangeant le peu qu'il reste de Théo Curin. Pour aider notre sportif, raccompagne-les sur leur continent.

Maths

Exercice 5

Colorie correctement les zones pour voir apparaître l'objet dont a besoin Léo pour se rendre en métro à l'épreuve de natation synchronisée à laquelle il participe.

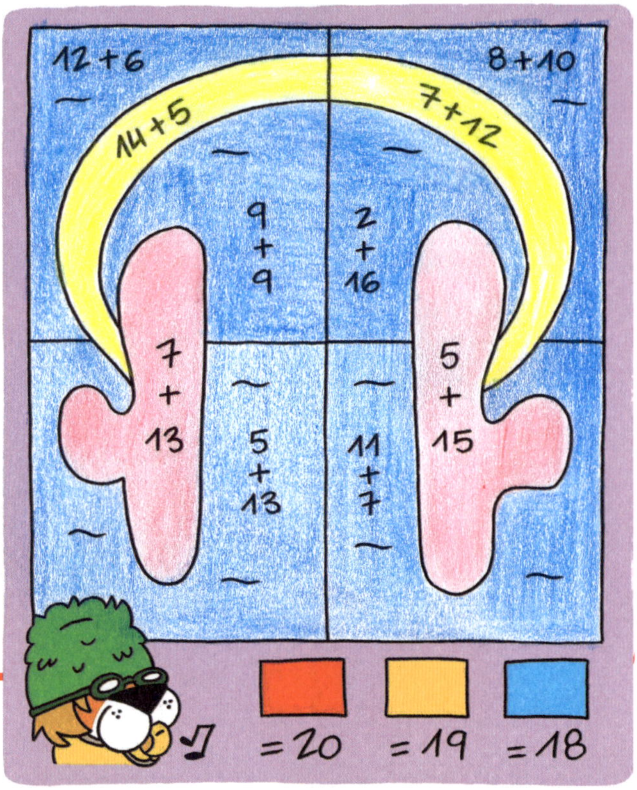

Langues vivantes

Exercice 4

Water-polo signifie « polo dans l'eau » en anglais. Traduis ces noms de sports qui, heureusement pour les athlètes, n'ont jamais existé.

1. Le snow-golf : ______________________
2. Le fire-soccer : ______________________
3. Le sand-kayak : ______________________
4. Le ice-swimming : ______________________

EPS

Exercice 7

Catastrophe ! La France doit disputer un match de foot décisif contre le Bhoutan mais le ballon à disparu ! Trouve vite quelque chose pour le remplacer.

La grosse tête de Zlatan Ibrahimović.

Un bébé qui pleure dans les tribunes.

Un supporter anglais.

Français

Exercice 6

Afin de rétablir la vérité, mets cette phrase à la voix passive en conservant le même sujet.

Les haltérophiles français ont humilié les haltérophiles bulgares.

Les haltérophiles français ______________________________

____

Histoire-géo

Exercice 9

Le lancer de vannes est un sport de haut niveau pour Philippe Caverivière. Après avoir essayé de ridiculiser Limoges, peux-tu l'aider à localiser ces villes de province sur la carte ?

Français

Exercice 7

La joute verbale est un sport pratiqué depuis bien longtemps. Attribue ces phrases, qui laissent sans voix, à leurs auteurs.

1. « On ne va pas s'interdire les plans à trois. »

2. « Lève-toi et marche. »

3. « J'ai dépensé beaucoup d'argent dans l'alcool, les filles et les voitures de sport. Et le reste je l'ai gaspillé. ».

4. « Un grand qui saute arrive toujours plus haut qu'un petit qui saute. »

SVT

Exercice 5

Nomme ces légumes qui souhaitent devenir des champions handisport.

1 ______________________

2 ______________________

3 ______________________

4 ______________________

5 ______________________

Physique-chimie

Exercice 6

La triche, ce n'est pas l'esprit de Coubertin ! Qui est le plus grand fraudeur parmi les participants à ces épreuves sportives qui défient les lois de la physique ?

1 Le Père-Noël en aviron.

2 King Kong à la lutte.

3 Moïse au 400 mètres nage libre.

4 Philippe Croizon au golf.

Mathématiques

Exercice 6

Bouh le dopage ! En 2021, on a relevé le nombre de cas de dopage dans le monde par discipline sportive. Range les sports dans l'ordre décroissant du moins propre au plus clean.

EPS

Exercice 8

Quels obstacles Philippe Caverivière devra-t-il sauter dans sa carrière de comique pour éviter de retourner bosser au Club Med ?

1. Une mauvaise blague sur Philippe Croizon.
2. Une vidéo de lui en train de faire écrire ses blagues par ses chats sans les payer.
3. Un tatouage en thaïlandais avec écrit « J'ai voté Valérie Pécresse ».
4. Un muscle trop gainé qui explose en direct à la télé comme un ballon de baudruche.

Histoire-géo

Exercice 10

Cet été, les Parisiens vont fuir la capitale encore plus vite qu'Usain Bolt. Mais pour aller où ? Nomme les villes les plus prisées par les bobos parisiens.

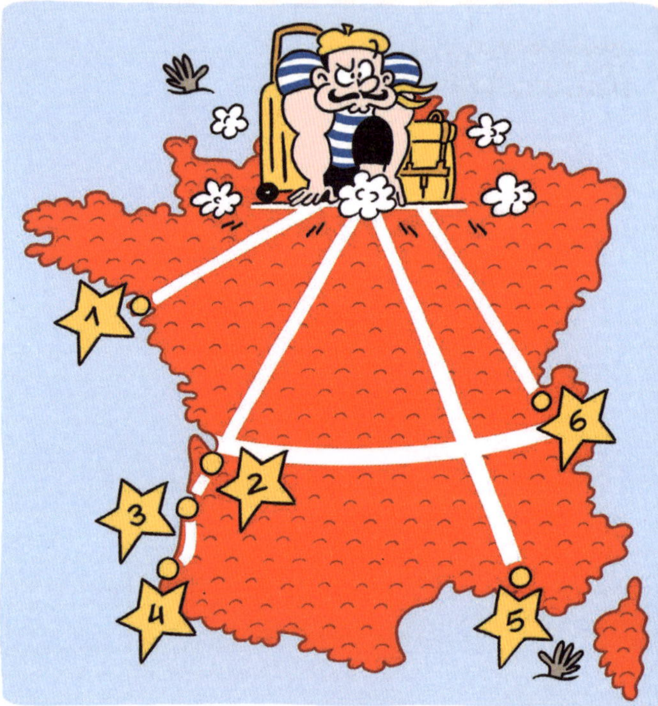

1. DUARNENEZ
2. BORDEAUX
3. BISCAROSSE
4. HOSSEGOR
5. AIX en PCE

LYON

Mathématiques

Exercice 7

Le prix des locations va exploser cet été à Paris... Sachant que le 45 mètres carrés dans le centre va coûter 1 000 euros la nuit.
Combien de temps va-t-il falloir à un Parisien de gauche pour devenir de droite, rouler en SUV et changer de femme après avoir gagné 15 000 euros en deux semaines en louant son appartement ?

SVT

Exercice 6

Ce sportif est en train de vomir, de faire caca liquide et d'uriner du sang. Que lui est-il arrivé ?

1. Il a bu la tasse en nageant dans la Seine. ✓
2. Il a léché ses doigts après avoir touché la barre du métro parisien.
3. Il sort d'une interview en franglais avec Nelson Monfort.
4. Il vient de regarder en entier une épreuve de curling.

EPS

Exercice 9

En plus d'être handicapés, ces athlètes sont tête en l'air et ont perdu leurs équipements ! Aide-les, en reliant chaque sportif à son outil technologique.

SVT

Exercice 7

Selon toi, quel est le ministre le plus rapide du gouvernement Macron ?

Gérald Darmanin quand il voit un migrant sous OQTF.

Bruno Le Maire quand il voit un éditeur qui lui propose d'écrire un bouquin sur les renflements bruns.

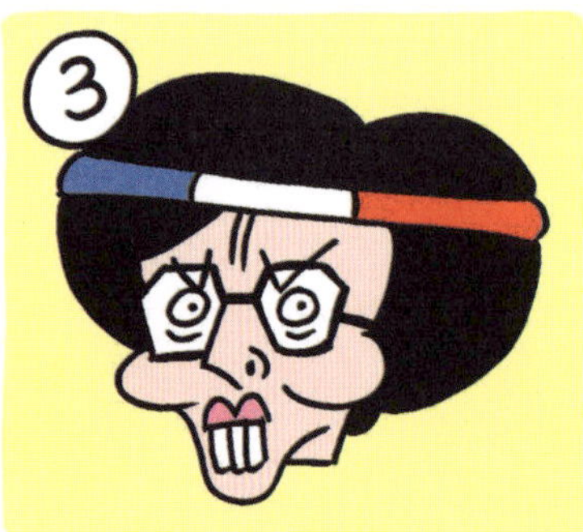

Rachida Dati quand elle voit des escarpins Dior.

Amélie Oudéa-Castéra quand elle voit un prof du public en grève.

Physique-chimie

Exercice 7

On dit souvent que le battement d'ailes d'un papillon peut provoquer une tornade à l'autre bout du monde. Relie chaque événement à sa possible conséquence tragique.

Le roi Charles qui secoue la tête dans les tribunes du Stade de France.

Un tsunami à New York.

Philippe Caverivière qui participe au lancer de poids.

Un cyclone au Japon.

Gérard Larcher qui plonge dans une piscine à Paris.

Un doigt de pied cassé pour Philippe Caverivière.

Histoire-géo

Exercice 11

Nous sommes tous très fiers de notre belle capitale !
Cependant quelques éléments perturbateurs mettent à mal la belle carte postale que nous voulons offrir à tous les touristes et sportifs.
Barre les éléments que notre gouvernement ne souhaite pas voir cet été.

Français

Exercice 8

Que se serait-il passé si Anne Hidalgo avait enlevé toutes les boîtes des bouquinistes des quais de Seine ?

1 Les bouquinistes auraient tellement pleuré que la Seine aurait débordé.

2 Les Parisiens n'auraient plus jamais lu de livres et le QI moyen de la ville serait descendu sous celui d'un candidat de téléréalité, ou pire : d'un habitant de Roubaix.

3 Des baristas auraient récolté les larmes des bouquinistes pour les vendre à 12 euros le cocktail.

4 Les fantômes des grands écrivains seraient venus hanter les nuits d'Anne Hidalgo dans sa chambre à la mairie de Paris.

SVT

Exercice 8

Sandrine Rousseau est une championne du combat féministe. Quel organe est le meilleur symbole de sa discipline ?

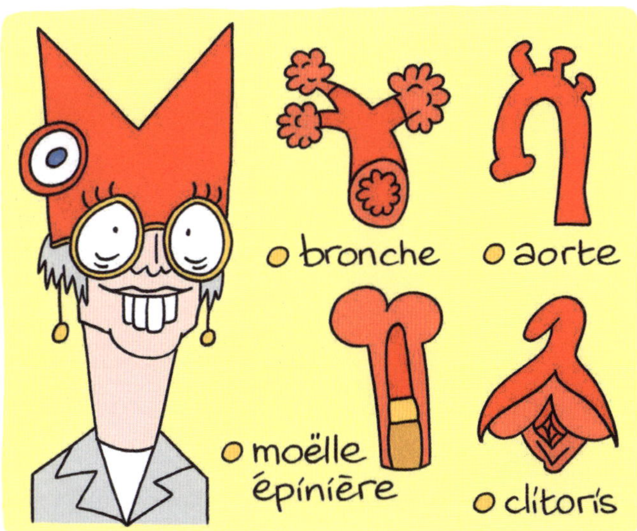

Français

Exercice 9

Les sportifs et les hommes politiques ont très souvent le sens de la formule. Sauras-tu deviner qui sont les auteurs de ces punchlines ?

1 « Je suis arrivé comme un roi, je pars comme une légende. »

2 « J'ai rarement vu une couille molle pareille. »

3 « Je ne crains pas l'homme qui a pratiqué dix mille coups une fois, mais je crains l'homme qui a pratiqué un coup dix mille fois. »

Exercice 9

Gaël Monfils est un de nos meilleurs tennismen français, même s'il faut bien avouer que le niveau de nos tricolores n'est pas dingue. Malheureusement, Gaël est blessé 350 jours par an. Sauras-tu nommer les os où il s'est fait bobo ?

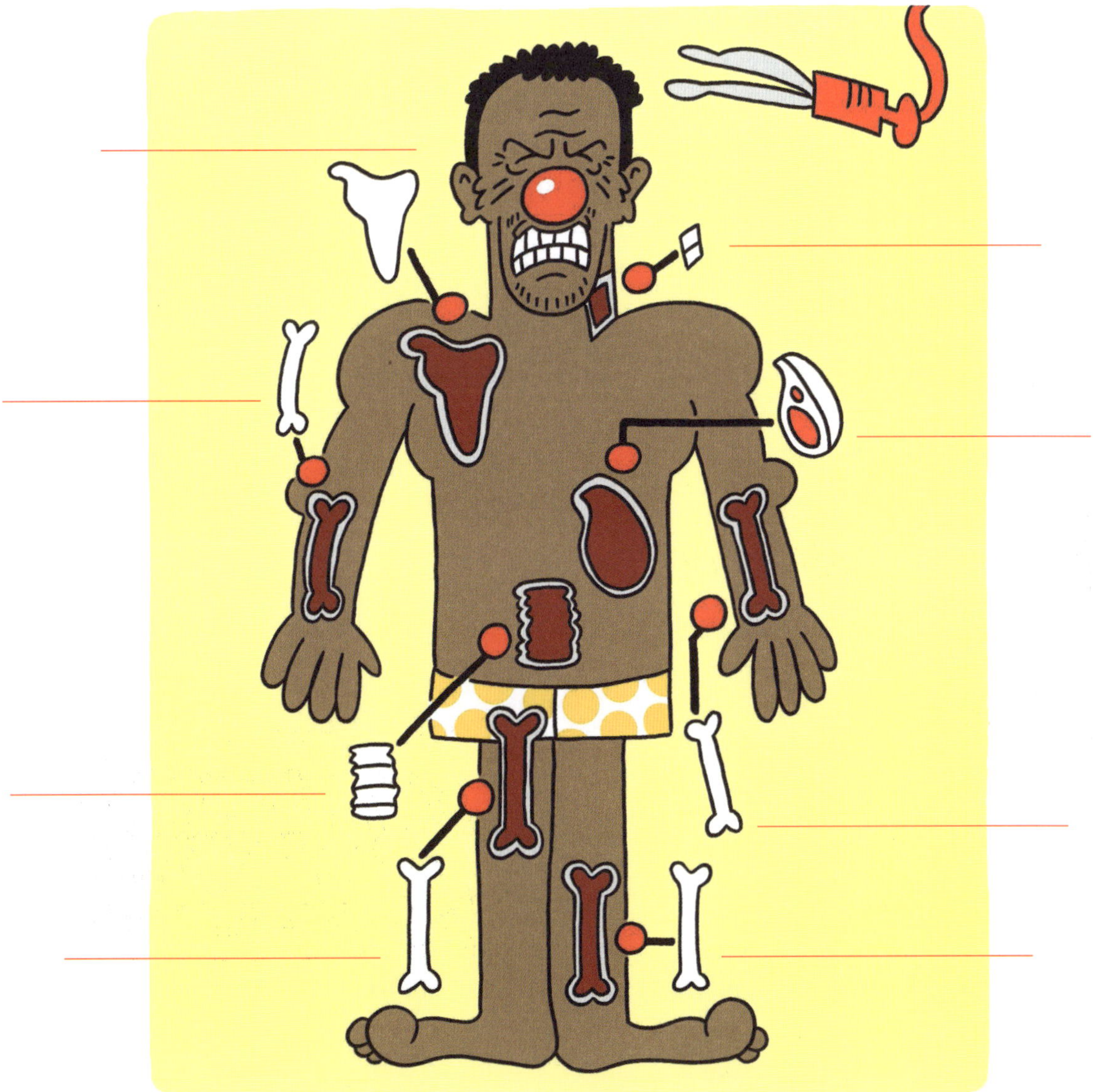

Histoire-géo

Exercice 12

Charade

Mon premier est un synonyme de « flatulence ».

Mon second est un synonyme désuet de « cinquième », utilisé antan pour accompagner le prénom d'un empereur célèbre.

Mon tout est la capitale du pays médaille d'or de la violation des droits de l'homme. Elle a donné son nom à une soupe et à un chien.

Mathématiques

Exercice 8

Le pauvre avec son handicap… Depuis 1994, Phil' Croizon n'a pas vidé le lave-vaisselle une seule fois ! Si on suppose que la machine fonctionne tous les deux jours, combien de fois a-t-il échappé à cette corvée ?

Français

Exercice 10

S'il arrivait par miracle que l'on entende la phrase « le Français/les Français a/ont largement devancé le marathonien kényan », elle serait immédiatement suivie de :

Les Français sont le caméraman et le journaliste de France Télévisions sur une moto Yamaha 900 centimètres cubes.

Le Français est un cycliste qui s'est complètement gouré d'épreuve et il est parvenu à vélo à devancer le Kényan en basket.

Le Français est Nelson Monfort, le commentateur sportif, et il était sur la ligne d'arrivée depuis ce matin.

Le Français est Gérald Darmanin et il courait depuis le matin derrière ce sans-papiers en short…

PARIONS
Kobe Bryant
L'apesanteur
Diego Maradona
Pablo Escobar
Ayrton Senna
Le mur
Oscar Pistorius
L'expert en balistique

Exercice 10

Complète le tableau de qualification pour découvrir qui va remporter cette compétition un peu particulière...

SVT

Exercice 10

Le footballeur français Paul Pogba a faim ! Il voudrait se constituer un bon petit-déjeuner mais attention, il y a un piège ! Barre l'aliment qui pourrait encore lui causer des problèmes.

Mathématiques

Exercice 9

Jean-Célestin est très malin ! Il a bien compris que cet été, la location de son appartement parisien de 8 mètres carrés à des Anglais lui rapporterait des ralaouettes en or. Sachant qu'habituellement il le loue 230 euros la nuit mais qu'il va quintupler le prix, combien les mois de juillet et août pourraient-ils lui faire gagner ?

Histoire-géo

Exercice 13

Les méchants moustachus de la CGT veulent gâcher notre été ! Ils menacent de faire grève pendant que nous applaudirons les sportifs. Quelle est la solution pour empêcher ce malheur d'arriver ?

Envoyer Teddy Riner pour négocier.

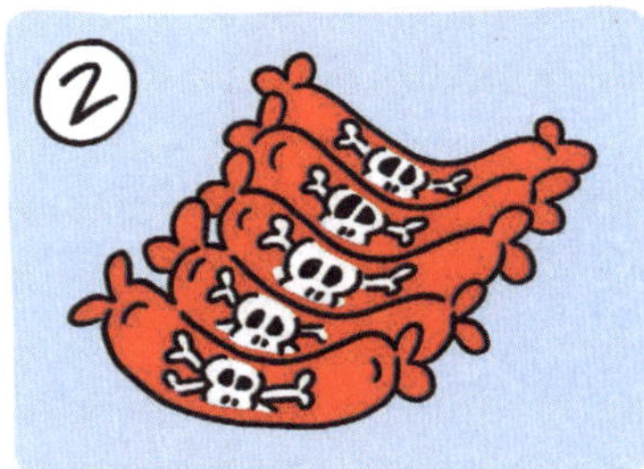

Leur offrir des merguez empoisonnées.

Augmenter leurs salaires.

Leur offrir une place pour la finale du 100 mètres hommes.

Langues vivantes

Exercice 5

Relie chaque phrase espagnole à sa traduction en français :

- Lo importante es participar.
- El récord de medallas ganadas por Francia es de cuarenta y tres en Pekín.
- Los españoles son todos toreros, les gustan la cerveza, se acuestan tarde, duermen la siesta en el trabajo, hablan fuerte y siempre dicen : « Olé, vamos a la playa ! ».

- Les Espagnols sont tous toréadors, ils aiment la bière, se couchent tard, font la sieste au travail, parlent fort et disent toujours : « Super, on va à la plage ! »
- L'important, c'est de participer.
- Le record de médailles remportées par la France est de quarante-trois à Pékin.

Physique-chimie

Exercice 8

Pris sur le fait, certains athlètes accusés de dopage n'hésitent pas à inventer les pires bobards. Retrouve la seule excuse qui n'a jamais été entendue :

1. J'ai pris des stéroïdes pour gonfler mes muscles et mieux honorer ma femme.
2. Ma mère a fait tomber son médicament contre le cancer dans mes pâtes carbo.
3. J'ai roulé un patin à une fille qui avait pris de la cocaïne.
4. J'ai marché dans une flaque d'eau qui contenait de l'EPO, qui a éclaboussé mon pantalon et qui est remonté jusqu'à mes parties intimes.
5. Des extraterrestres venus de Saturne m'ont injecté un diurétique pendant ma sieste.
6. J'ai utilisé une crème pour mes hémorroïdes.

Récréation

Exercice 8

Pas de voyage à Tahiti pour Anne Hidalgo cet été… Embellis quand même ses vacances avec tes crayons de couleur.

Mathématiques

Exercice 10

« Les filles, c'est nul en sport ! » : pour saper cette idée reçue, aussi mal fondée que résistante, effectue ces calculs qui risquent de picoter l'ego de notre mâle tatoué.

- Philippe court le 100 mètres en 20 secondes (mais après il doit dormir deux jours).

  Florence Griffith-Joyner, qui détient le record du monde, parcourt la même distance en :

  la moitié de 20 980 / 1 000 = ____________ secondes

- La dernière fois que Philippe a soulevé le canapé pour passer l'aspirateur, il s'est fait un lumbago.

  La recordwoman d'haltérophilie Li Wenwen peut soulever :

  2 × 5 × 9 × 2 + 6 = ____________ kilos.

Histoire-géo

Exercice 14

Le sport c'est bon pour la santé, mais pas toujours... Ces différents sportifs sont morts dans l'exercice de leur passion...

1

Le premier marathonien de l'histoire en 490 avant J-C. est mort :

a) d'épuisement.

b) de dopage.

c) du sida.

d) d'overdose à Mykonos.

2

En 1912, le Portugais Francisco Lazaro est mort pendant la pratique de son sport... Que s'est-il passé ?

a) En saut à la perche, il a atterri à côté du tapis.

b) Il s'est empalé sur la perche.

c) Il s'est noyé au 100 mètres.

d) Lors d'un marathon, il s'est enduit de cire pour éviter les coups de soleil et la cire empêchant la transpiration naturelle, il n'a pas eu de coup de soleil mais il est mort.

3

En 1960, le Danois Knud Enemark Jensen a mélangé plusieurs éléments pas terribles pour la santé. Lesquels ?

a) Surf et requin.

b) Saut à ski et vodka.

c) Tir à l'arc et colin-maillard.

d) Vélo, chaleur et amphétamines.

Physique-chimie

Exercice 9

La qualité de l'air à Paris n'est pas fofolle, à tel point que bientôt on ne parlera plus de « qualité de l'air à Paris » mais seulement de « composition de l'air à Paris » (et bonne chance !). Mais toi, sais-tu de quoi est composé l'air que tu respires à Paris (et dans les grandes villes de France) ?
Place devant chaque composant de l'air le pourcentage lui correspondant :

Diazote (N_2) : 78 %

Dioxygène (O_2) : 21 %

Échappement de scooters : _______ %

Laque pour cheveux de mémère (surtout si vous habitez Neuilly) : _______ %

Métaux lourds (ce ne sont pas les métaux qui mettent des mains aux fesses des métaux légers) : _______ %

Flatulence de touristes : _______ %

Toux et haleine de fumeurs : _______ %

Crachats de footballeurs du PSG : _______ %

Postillons d'automobilistes insultants Anne Hidalgo : _______ %

Histoire-géo

Exercice 15

Ton papi et ta mamie sont-ils déjà montés sur un podium ? Non ? Même pas ? Eh bien, tu leur diras de notre part que ce sont des sacrés feignasses… Sais-tu qui est le plus vieux médaillé ?

1. Henri Alzheimer avait 72 ans quand il a remporté l'épreuve du 100 mètres en 4 secondes et 38 centièmes à Séoul en 1988 devant Carl Lewis et Ben Johnson.
2. Gaston Mitho avait 84 ans quand il a remporté le saut en longueur à Rio de Janeiro en 2016 avec un saut de 26,4 mètres.
3. Le Grec Delon Fuitass remporta le 100 mètres nage libre en 4 minutes et 30 secondes à l'âge de 89 ans après une incontinence fécale dans la piscine… les autres concurrents ayant quitté le bassin.
4. À 72 ans, le Suédois Oscar Swahn remporta la médaille d'or à Stockholm au tir à la carabine sur cible mobile.

Français

Exercice 11

En France, le cyclisme sur route est un sport populaire… ce n'est pas un secret. Certains champions ont eu des problèmes de dopage (d'autres des problèmes de potage, mais c'est parce qu'ils sont dyslexiques)… Lequel de ces quatre cyclistes célèbres dopés a été flashé en excès de vitesse ?

1. Lance Armstrong à 130 km/heure dans le centre-ville de Grenoble.

2. Richard Virenque à 67 km/heure dans le centre-ville de Grenoble.

3. Floyd Landis surpris à 86 km/heure en roue arrière dans la montée de Morzine.

4. Alberto Contador à 253 km/heure flashé sur l'autoroute après avoir doublé une Porsche 911 Cabriolet.

SVT

Exercice 11

Trouve les 215 différences entre le globule rouge d'un champion de 100 mètres nage libre et le globule rouge de Gérard Depardieu.

Exercice 16

L'important c'est de participer, mais c'est quand même un peu mieux de gagner. Et pour y arriver, certains athlètes ont eu recours à la bonne vieille triche. Déjà, en 1904, qu'a fait le marathonien américain Fred Lorz pour gagner sa course ?

Il a mis du laxatif dans les spaghettis de ses concurrents avant le départ.

Il a fait un croche-pied à son principal concurrent juste avant la ligne d'arrivée.

Pendant la course, il est monté dans une voiture qui l'a déposé tout près de l'arrivée.

Il a fait la moitié de la course puis a discrètement passé le relais à son frère jumeau.

Récréation

Exercice 9

Jean Castex, le président de la RATP, a encore perdu ses lunettes ! Il ne va pas pouvoir observer nos athlètes français se faire ridiculiser par les Chinois. Aide-le à les retrouver dans cette rame de métro bondée de touristes.

Langues vivantes

Exercice 6

Benoît Paire est un tennisman français un peu soupe au lait. Et comme son nom l'indique, avec lui la défaite est souvent au rendez-vous. Traduis ses propos après une nouvelle balle envoyée derrière le stade.

Récréation

Exercice 10

Redonne ses couleurs à notre ministre des Sports, Amélie Oudéa-Castéra, qui a essuyé pas mal de revers.

EPS

Exercice 11

Fais plus vite que notre recordwoman européenne Christine Arron au 100 mètres (10,73 secondes en 1998) et aide ce cambrioleur à trouver l'objet ayant le plus de valeur dans l'appartement de ces riches Parisiens qui ont déserté la ville cet été.

1 Une montre dans un tiroir de table de nuit.

2 Une boîte à bijoux cachée sous un lit.

3 Une valise de billets planquée dans une armoire.

4 Un exemplaire du *Cahier de vacances des 2 Phil'* sur le canapé.

5 Un tableau de maître dans un placard.

Langues vivantes

Exercice 7

Si tu as regardé du sport à la télévision française, tu connais forcément Nelson Monfort, le commentateur et intervieweur français le plus célèbre. Nelson est polyglotte, mais est-ce que toi tu l'es un peu ? Essaie de traduire en français, l'esprit de la phrase…

NELSON : Hola Nadal, qué tristeza, qué branlada, qué matcho tout pourrito, tou jugar comme una baltringos des joueurs francese… lé coupdroito dans los filetos… lé reveros dans les bachas… qué passa Rafa ?

RAFA : No lo sé. Nelson… Voy a pedir la nacionalitad francesa.

NELSON : Astaluego… vamos beber une cerveza à la Jonquera.

NELSON : ______________________________

____

____

____

RAFA : ______________________________

NELSON : ______________________________

Mathématiques

Exercice 11

Combien de fois Pelé a-t-il remporté la Coupe du monde de football ? Combien de matchs Nadal a-t-il perdus à Roland-Garros ? Combien de fois Raymond Poulidor, l'éternel second, a-t-il frôlé l'obtention du maillot jaune du Tour de France ? Combien de secondes tiendrait Éric Zemmour sur un tatami face à la judokate Clarisse Agbegnenou ?

Trouve le chiffre magique ! Il répondra à lui seul à toutes ces questions.

2 < chiffre magique < π

3

SVT

Exercice 12

Relie chacun à ce qu'il (se) casse le plus fréquemment.

Mathématiques

Exercice 12

Avec ses 645 chroniques annuelles, ses 867 colliers en bois et cet exemplaire de cahier de vacances que vous tenez entre les mains, combien d'arbres ont été abattus cette année à cause de ce marathonien de l'écriture Philippe Caverivière ?

1. 1 hectare.
2. 4 hectares.
3. 600 hectares.
4. Toute l'Amazonie.

Histoire-géo

Exercice 17

On connaît tous à peu près le visage du baron Pierre de Coubertin, mais assez mal son corps… Sauras-tu redonner à l'inventeur des Jeux modernes le corps qui était le sien…

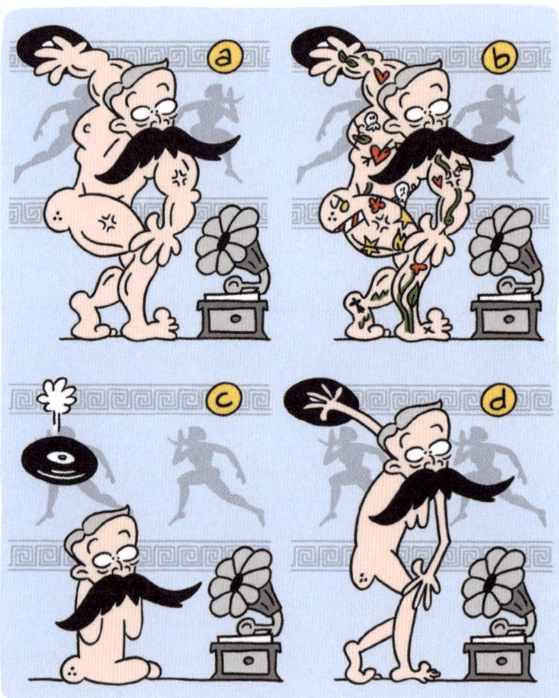

SVT

Exercice 13

Philippe Caverivière s'entraîne pour obtenir la médaille d'or en boxe.
Que peut faire Philippe Croizon pour l'aider à réaliser son rêve ?

① 

Être utilisé comme punching-ball.

② 

Être utilisé comme haltère.

③ 

Être utilisé comme gym ball

EPS

Exercice 12

Le saviez-vous ? Nos amis handicapés sont des sportifs à part entière, même s'il manque des bouts… Beaucoup de sports ont leur équivalent en sport handi, mais pas tous non plus. Dans la liste qui suit, entoure les handi sports qui existent déjà.

1 Le basket fauteuil.
2 L'escrime fauteuil.
3 Le trampoline fauteuil.
4 La céciéquitation fauteuil.
5 Le para aviron.
6 Le para canoé.
7 Le para parachute.
8 La para natation.
9 Le cécifoot.
10 Le cécijavelot.

EPS

Exercice 13

Où est Nelson Monfort ?

Physique-chimie

Exercice 10

Au IIIe siècle av. J-C., le savant grec Archimède a déclaré : « Eurêka ! Dans l'eau y a des trucs qui flottent et pis y a des trucs qui coulent.* » Place dans cette piscine chaque élément à la profondeur qui lui correspond selon les lois de la physique.

*Pas certain qu'il ait dit exactement ça, mais aucun des deux Philippe ne parle le grec ancien, alors ils ont fait comme ils ont pu…

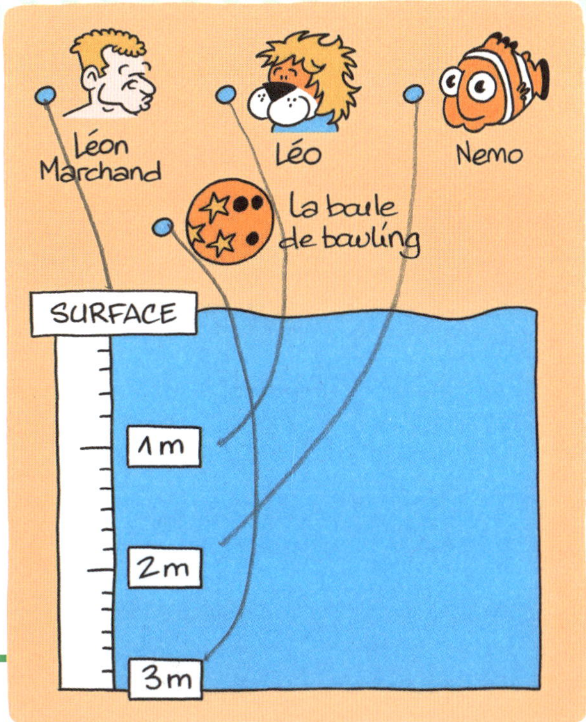

SVT

Exercice 14

Anne Hidalgo est très courageuse ! Elle a décidé de se baigner dans la Seine. Mais quel autre sport extrême parisien ne pourrait-elle pas réaliser ?

1. Traverser le périphérique en trottinette électrique.
2. Manger un rat parisien cuit à l'étouffée.
3. Lécher la barre de métro de la ligne 13.
4. Monter dans un taxi sans se faire insulter.

Histoire-géo

Exercice 18

Toi qui lis ce cahier de vacances, tu as entre 3 et 127 ans. De quel sportif, médaillé d'or en compétition internationale, pourrais-tu t'inspirer ?

1. Brandon Robin des bois qui a remporté la médaille d'or de Londres en 1324 dans la forêt de Sherwood à l'âge de 11 ans.

2. Michael Sbwing Swing, un Américain âgé seulement de 9 ans, médaille d'or à Atlanta en 1996.

3. Manuel Gastro qui a seulement 4 mois et demi à remporter l'épreuve de remplissage de couches-culottes devant Georges Chiasse à Sydney en 2000.

4. Dimítrios Loúndras qui n'était âgé que de 10 ans quand il a remporté la médaille de bronze aux barres parallèles par équipe à Athènes.

Récréation

Exercice 11

Ce coureur du 100 mètres est chargé comme un cycliste du Tour de France. Relie les points et aide-le à déconcentrer le médecin du contrôle antidopage avec les outils devant toi.

Français

Exercice 12

L'extrême droite française est toute chafouine ! Aya Nakamura va interpréter Édith Piaf… Cherche les seuls chanteurs qui trouveraient grâce aux yeux de nos tendres xénophobes.

1 Bilal Hassani chante « Allumer le feu » de Johnny Hallyday.

2 Christine and the Queens chante « Être une femme » de Michel Sardou.

3 Gims chante « Le lundi au soleil » de Claude François.

4 Marion Maréchal et Éric Zemmour chantent « Maréchal nous voilà » d'André Dassary.

5 Joey Starr chante « Y a d'la joie » de Maurice Chevalier.

EPS

Exercice 14

Sachant que le métro sera en panne, que le RER sera en grève, que les bus et les trams seront bondés, que les taxis et les VTC seront hors de prix, que les vélos en libre-service seront tous utilisés, que les travaux continueront et qu'il y aura trop de monde pour marcher sur les trottoirs : quel est le meilleur moyen de transport pour un touriste qui habite en banlieue de Paris s'il veut assister à son épreuve sportive dans le centre ?

1. Le saut en parachute, au risque de s'empaler sur la flèche de Notre-Dame et de mourir dans d'atroces souffrances.
2. Le parapente, au risque de se prendre un taxi volant en plein vol.
3. Le kayak, au risque de donner un coup de pagaie à un nageur en pleine épreuve.
4. Le tuk-tuk poussé par un sans-abri qui tente de tirer profit de la situation.

Mathématiques

Exercice 13

Le compte est bon ? Vérifie que nos deux Phil' ont bien rédigé 100 exercices dans ce cahier et qu'ils ne t'ont pas anarqué.

Récréation

Exercice 12

Le lion est le symbole de l'association Léo qui se bat contre les cancers pédiatriques et *leo* en latin signifie lion… Le lion est le roi de la jungle, mais contre qui arrive-t-il au roi des animaux de perdre un combat ?

1. Un autre lion plus jeune et plus vénère.
2. Un gros bâtard… qu'on appelle aussi un braconnier.
3. L'éléphant, le rhinocéros, l'hippopotame, les zèbres car l'union fait la force et même la girafe si elle lui met un coup de sabot bien placé.
4. La lionne : il faut toujours laisser gagner sa compagne car nous sommes dans une période post-metoo.

Solutions

> PAGE 6

Histoire-géo / Exercice 1

Aucune des 4 propositions ! En réalité, Pierre de Coubertin a déclaré : « L'important dans la vie, ce n'est point le triomphe, mais le combat. L'essentiel ce n'est pas d'avoir vaincu mais de s'être bien battu. »

Français / Exercice 1

Une lapalissade !

> PAGE 7

SVT / Exercice 1

Les quatre. On espère qu'il aime les animaux de compagnie !

Physique-chimie / Exercice 1

Il fallait éviter l'anthraquinone et le rodenticide car ce sont respectivement un laxatif et de la mort-aux-rats.
Bravo, tu as évité à ton sportif de mourir en se faisant caca dessus.

> PAGE 8

Maths / Exercice 1

Zéro seconde. Le SDF est bien évidemment déjà bourré en entrant dans le train. Bonus : ça ne sera pas lui le premier voyageur à vomir, mais son voisin de siège, incommodé par son odeur de sueur et de 8.6 tiède.

Langues vivantes / Exercice 1

Aucune de ces propositions...
Le serveur parisien va bien entendu ignorer ces touristes japonais !

> PAGE 9

EPS / Exercice 1

Cerf-seau (cerceau), rue-banc (ruban), tronc-seau-nœud-'Z (tronçonneuse), mât-sue (massue), corps-deux (corde).
Linoy Ashram devra évidemment éviter la tronçonneuse.

> PAGE 11

Histoire-géo / Exercice 2

Français / Exercice 2

Si j'ai fini dernier, c'est parce que j'ai pas de bras.

> PAGE 12

SVT / Exercice 2

1. Un bras.
2. Une couille.
3. Les yeux de la tête.
4. Ses jambes.
5. Son autre bras.

Dis donc, on dirait que Philippe Croizon s'est offert un passe VIP !

Maths / Exercice 2

> PAGE 13

Physique-chimie / Exercice 2

Réponse 1, il va s'étaler sur le bitume. Heureusement la scène sera filmée et fera le buzz sur TikTok.

> PAGE 14

Langues vivantes / Exercice 2

- Hijo de puta ! > Fils de femme de joie faisant payer ses charmes.
- Vaffenculo ! > Je t'invite à te faire visiter le renflement brun.
- Fuck you bastard ! > Je te prie d'agréer mes sentiments les moins distingués.
- Fick Dich ! > Veuillez écarter vos fesses pour que j'y insère un objet non dédié à cela afin de vous procurer une sensation fort douloureuse.

EPS / Exercice 2

> PAGE 15

Récréation / Exercice 2

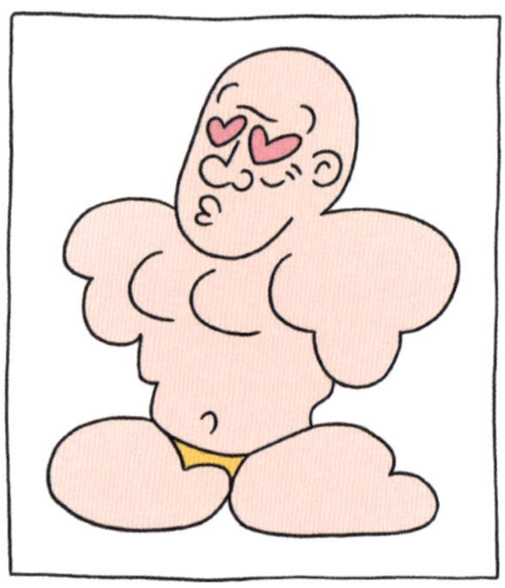

> PAGE 16

Histoire-géo / Exercice 3

5 médailles d'or en haltérophilie.

> PAGE 17

Français / Exercice 3

1. *La Peste* d'Albert Camus
2. *Le Rouge et le noir* de Stendhal
3. *Les Misérables* de Victor Hugo
4. *Pierre et Jean* de Guy de Maupassant
5. *Les Fleurs du mal* de Charles Baudelaire

SVT / Exercice 3

1) Tir à l'arc pour aveugles.
2) Cécifoot.
3) 100 mètres nage libre pour hommes tronc.
4) Paratriathlon.
5) Ping-pong pour tétraplégiques... il s'est bien fait chier.

> PAGE 19

EPS / Exercice 3

Réponse 3, évidemment. Après on comprend, ça donne des complexes de les voir être aussi forts alors qu'on est tous des gros flemmards.

> PAGE 20

Physique-chimie / Exercice 3

Hélas, il y a plus de places sur le podium qu'en réa, donc bon courage aux survivants...

Maths / Exercice 3

8 Philippe Croizon car 61 × 8 = 488 kilos

> PAGE 21

Langues vivantes / Exercice 3

abgoubiboug**coach**jrnvvffnjfvjd**yéyouquel-poste**vnkdfnvdkfvgjfkdvjdfdjf**milieuouatta-quant**vlndfnbjkgbvgfjkb
Coach, je joue à quel poste, milieu ou attaquant ?

Histoire-géo / Exercice 4

4) La maison de Philippe Croizon, car elle est adaptée aux touristes handicapés.

> PAGE 22

SVT / Exercice 4

Récréation / Exercice 4

> PAGE 23

Physique-chimie / Exercice 4

> PAGE 24

EPS / Exercice 4

Les quatre à la fois, évidemment. Tous ceux qui ont sous-estimé l'influence de Kylian dans ce livre seront d'ailleurs exécutés à la Bastille.

> PAGE 25

Récréation / Exercice 5

Maths / Exercice 4

2 145 000 × 99,9 / 100 = 2 142 855 habitants

> PAGE 26

Histoire-géo / Exercice 5

Allons ! Enfants de la patrie !
Le jour de gloire est arrivé !
Tous ensemble réunis à Paris,
Le V de la victoire est levé ! (bis)
Entendez-vous dans les **stades**
Mugir ces **sympathiques athlètes étrangers** ?
Ils viennent jusque dans vos bras
Divertir vos fils, vos compagnes

> PAGE 28

EPS / Exercice 5

Personne. Car Teddy est imbattable et pourrait battre les Avengers avec son petit doigt. Il ne fallait surtout pas répondre la réponse 4, car Philippe Caverivière n'a pas besoin d'un pistolet pour se dire « doté d'un 33 millimètres ».

Français / Exercice 4

Les nageuses ont oublié de se changer avant de plonger donc elles ont coulé, se sont noyées et n'ont pas gagné de médailles.

> PAGE 29

Histoire-géo / Exercice 6

> PAGES 30-31

Récréation / Exercice 7

Seul Léo, le roi de la jungle, possède le sens de l'orientation. Nos deux Phil' en sont complètement dépourvus et se sont perdus en chemin...

> PAGE 32

Histoire-géo / Exercice 7

Le tir aux pigeons à Paris en 1900.

> PAGE 33

Français / Exercice 5

Comme lors de chaque rendez-vous sportif international, la France n'est pas la nation qui a remporté le plus de médailles.

EPS / Exercice 6

Les 4, mais aussi le tir à l'arc, le judo, la lutte, le taekwondo, le rugby…

> PAGE 34

Physique-chimie / Exercice 5

Il faut éviter tous les plats sauf l'escalope de veau au citron et son eau minérale.

> PAGE 35

Histoire-géo / Exercice 8

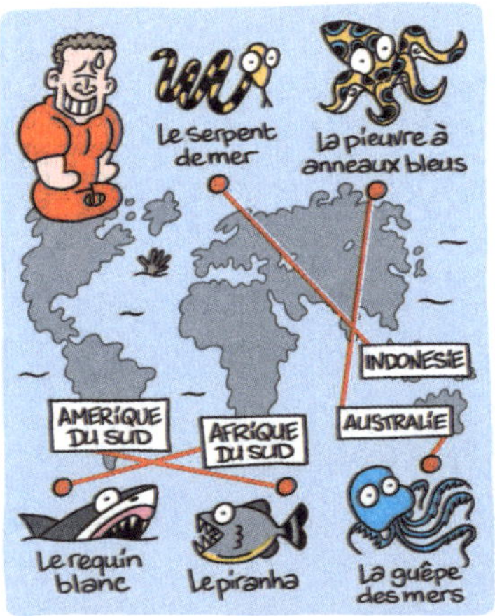

> PAGE 36

Maths / Exercice 5

Un pince-nez bien sûr : c'est nécessaire dans l'eau, mais encore plus dans le métro !

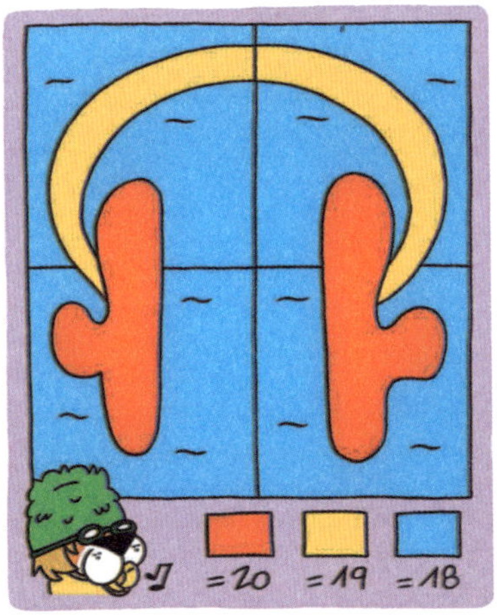

Langues vivantes / Exercice 4

1. Le snow-golf : golf sur neige.
2. Le fire-soccer : football dans le feu.
3. Le sand-kayak : kayak sur sable.
4. Le ice-swimming : natation sur glace.

> PAGE 37

EPS / Exercice 7

Le nez de Zlatan risquerait de blesser les joueurs. Nous ne sommes pas des barbares, nous ne jouons au foot qu'avec les bébés qui pleurent dans les trains ou les avions. Il faut donc utiliser le supporter anglais car dès 10 heures du mat, il est déjà rond comme un ballon.

Français / Exercice 6

Les haltérophiles français ont été humiliés par les haltérophiles bulgares.

> PAGE 38

Histoire-géo / Exercice 9

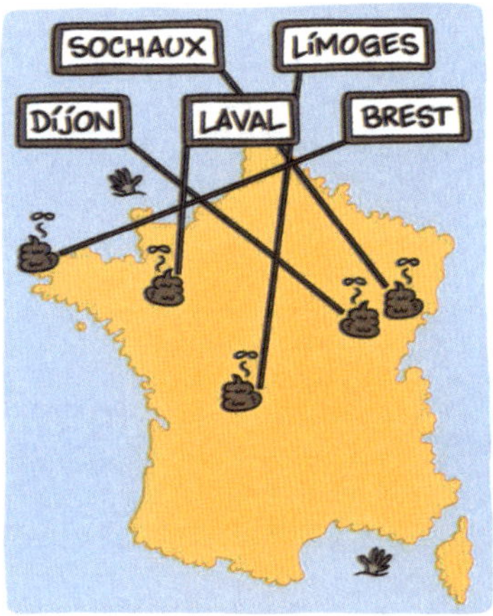

> PAGE 39

Français / Exercice 7

1. Marlène Schiappa.
2. Jésus-Christ.
3. George Best.
4. Guy Roux.

> PAGE 40

SVT / Exercice 5

1. Un rutabaga.
2. Un tétraplégique.
3. Un topinambour.
4. Un butternut.
5. Un panais.

Physique-chimie / Exercice 6

C'est évidemment Philippe Croizon ! Cet imposteur tente de nous faire croire que le golf est un sport alors que c'est juste une assemblée d'actionnaires sur l'herbe.

> PAGE 41

Maths / Exercice 6

Athlétisme > natation > escrime > badminton

EPS / Exercice 8

Rien de tout ça, Philippe Caverivière est insubmersible, sinon nous ne lui aurions pas demandé d'écrire ce fantastique cahier de vacances.

> PAGE 42

Histoire-géo / Exercice 10

1. La Baule
2. Bordeaux
3. Arcachon
4. Biarritz
5. Aix-en-Provence
6. Annecy

Maths / Exercice 7

Environ 30 secondes, même Usain Bolt aurait pas mieux fait.

> PAGE 43

SVT / Exercice 6

Il vient de mourir donc on ne saura jamais. Qu'il repose en paix, mais c'était quand même drôle à voir.

EPS / Exercice 9

> PAGE 44

SVT / Exercice 7

Il s'agit bien évidemment de Bruno Le Maire, le poète de Düsseldorf du gouvernement !

> PAGE 45

Physique-chimie / Exercice 7

> PAGE 46

Histoire-géo / Exercice 11

> PAGE 47

Français / Exercice 8

Réponse 3. Même si connaissant les prix parisiens, les cocktails seraient vite passés à 18 euros voire 25 s'ils étaient vendus sur un rooftop.

SVT / Exercice 8

Le clitoris ! Elle a déclaré : « La visibilité du clitoris est un combat féministe », citation pour laquelle elle a reçu le prix Press Club de l'humour politique en 2023.

> PAGE 48

Français / Exercice 9

1. Zlatan Ibrahimović.
2. Nicolas Sarkozy, qui parlait de François Hollande.
3. Bruce Lee.

> PAGE 49

SVT / Exercice 9

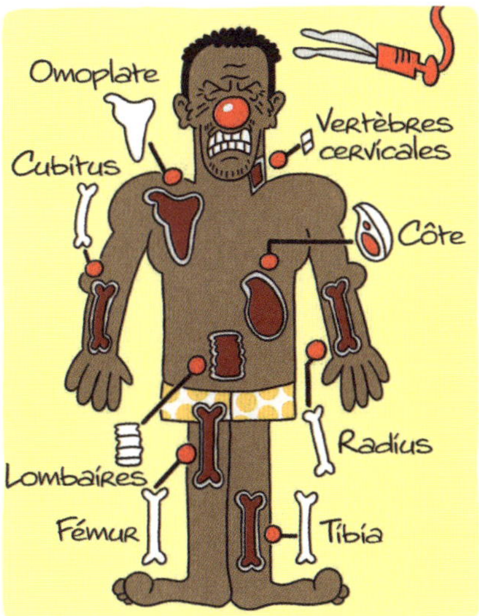

> PAGE 50

Histoire-géo / Exercice 12

Pet-quint (Pékin). Pékin est la capitale de la Chine. La soupe pékinoise est très réputée et le pékinois est un petit chien très prisé du troisième âge.

Maths / Exercice 8

Le lave-vaisselle tourne 182 fois par an. Depuis 1994, cela fait 30 × 182 = 5 460 fois. Le pauvre, avec son handicap...

> PAGE 51

Français / Exercice 10

La meilleure réponse était la 4, ce qui prouve que quand on est motivé, rien n'est impossible... mais nous pouvons t'accorder les trois autres réponses moyennant la somme de 10 000 euros, car la corruption existe dans le monde du sport.

> PAGE 54

SVT / Exercice 10

Maths / Exercice 9

230 x 5 = 1 150 euros.
1 150 x 60 = 69 000 euros
Grâce à tout cet argent, Jean-Célestin pourra effectuer les réparations de son appartement que les Anglais bourrés auront saccagé.

> PAGE 55

Histoire-géo / Exercice 13

Malheureusement pour nos lecteurs de droite, seule la réponse 3 est légale. Mais pas d'inquiétude, Emmanuel Macron est toujours président et ça n'arrivera pas !

> PAGE 56

Langues vivantes / Exercice 5

Lo importante es participar. → L'important, c'est de participer.

El récord de medallas ganadas por Francia es de cuarenta y tres en Pekín. → Le record de médailles remportées par la France est de quarante-trois à Pékin.

Los españoles son todos toreros, les gustan la cerveza, se acuestan tarde, duermen la siesta en el trabajo, hablan fuerte y siempre dicen: « Olé, vamos a la playa ! ». → Les Espagnols sont tous toréadors, ils aiment la bière, se couchent tard, font la sieste au travail, parlent fort et disent toujours : « Super, on va à la plage ! »

> PAGE 57

Physique-chimie / Exercice 8

Il s'agit de la réponse 5.

> PAGE 59

Maths / Exercice 10

20 980 / 2 = 10 490 ; 10 490 / 1 000 = 10,49
2 × 5 × 9 × 2 = 180 ; 180 + 6 = 186

> PAGE 60

Histoire-géo / Exercice 14

1-a ; 2-d ; 3-d.

> PAGE 61

Physique-chimie / Exercice 9

L'air est composé à 78 % de diazote (N_2) et à 21 % de dioxygène (O_2). On te laisse déduire le pourcentage restant !

> PAGE 62

Histoire-géo / Exercice 15

Il faut toujours se méfier des affirmations des malades d'Alzheimer. Gaston Mitho est un gros mytho… Delon Fuitass n'a pas existé mais ça aurait été rigolo… Et c'est bien la réponse 4, même si c'est pas prudent de laisser un fusil dans les mains d'une personne de 72 ans…

> PAGE 63

Français / Exercice 11

Les quatre réponses étaient bonnes… Bravo à toi !

> PAGE 65

Histoire-géo / Exercice 16

C. Il est monté dans une voiture après 15 kilomètres parce qu'il avait des crampes ! Aujourd'hui si quelqu'un tentait ça à Paris, il arriverait dernier à cause des embouteillages.

> PAGE 66

Récréation / Exercice 9

> PAGE 67

Langues vivantes / Exercice 6

« Je te propose amicalement de rendre visite à ta génitrice pour y bénéficier d'un coït intrafamilial de bon aloi. »

> PAGE 69

EPS / Exercice 11

Bravo ! Tu as réussi à battre le record européen de 1998 et à arriver à la réponse 4, évidemment. Ce numéro est déjà culte ! Dans dix ans, tu le revendras un million d'euros minimum.

> PAGE 70

Langues vivantes / Exercice 7

Qui regarde encore Nelson Montfort à la télévision ?

> PAGE 71

Maths / Exercice 11

Le chiffre magique est 3 car il est compris entre 2 et π (3,14...).
Pelé est le seul joueur de football au monde à avoir remporté à trois reprises la Coupe du monde (1958, 1962, 1970).
En dix-huit participations, Nadal n'a perdu que trois matchs à Roland-Garros.
Raymond Poulidor est resté trois fois à la deuxième place du Tour de France (1964, 1965, 1974).
Trois secondes ! Eh oui, Clarisse Agbegnenou, médaillée d'or aux JO de Tokyo, a pris le temps de refaire son lacet avant de mettre Éric KO.
On comprend mieux pourquoi il s'inquiète d'une « crise de la masculinité », le pauvre.

SVT / Exercice 12

> PAGE 72

Maths / Exercice 12

Toute l'Amazonie. Mais c'est pas grave, la planète est déjà foutue.

Histoire-géo / Exercice 17

a) C'était celui d'Arnold Schwarzenegger... enfin !
b) Mais tu vois bien que c'est celui de The Rock... Dwayne Johnson (t'es pas un petit peu con par moments) !
c) C'est le célèbre body de notre ami Philippe Croizon.
d) Bravo... c'est un magnifique corps de sportif avant l'invention du dopage...

> PAGE 73

SVT / Exercice 13

Les trois réponses étaient bonnes mais ça ne suffira pas ! Le niveau en boxe de Philippe Caverivière est bien trop médiocre pour espérer une médaille !

EPS / Exercice 12

Le basket fauteuil, l'escrime fauteuil, le para aviron, le para canoë, la para natation et le cécifoot.

> PAGE 74

EPS / Exercice 13

> PAGE 75

Physique-chimie / Exercice 10

Léo ne se baigne pas, sinon il a la crinière qui frise et il ressemble à un caniche ; Léon Marchand nage à la surface ; la boule de bowling coule mais hélas sur sa route elle a écrasé le pauvre Nemo qui est donc tout au fond.

SVT / Exercice 14

C'est la 4, bien sûr ! Il serait impossible pour notre Anne de monter dans un taxi parisien sans recevoir un flot d'insanités.

> PAGE 76

Histoire-géo / Exercice 18

Brandon Robin des bois n'existe pas... Michael Sbwing Swing non plus. L'épreuve de remplissage de couches-culottes n'est pas encore une compétition internationale. Mais Dimítrios Loúndras a bien existé et il a remporté une médaille à l'âge de 10 ans... Alors, qu'est-ce que tu fous ?

> PAGE 77

Récréation / Exercice 11

Jette-lui un boulet de lancer de poids à pleine vitesse derrière la tête.
Utilise le fusil du biathlon pour lui tirer une balle en plein cœur.
Prends l'épée de l'escrime et plante-la en plein dans le ventre.
Lance-lui la fiole d'urine dans les yeux et cours le 100 mètres aussi vite qu'Usain Bolt.

> PAGE 78

Français / Exercice 12

Il s'agissait bien sûr de notre sympathique tandem Marion Maréchal et Éric Zemmour ! On a hâte de découvrir leur vibrato !

> PAGE 79

EPS / Exercice 14

Aucune ! Au touriste qui lira ce cahier : reste chez toi devant ta télé.

Maths / Exercice 13

Nos deux Phil' ont toujours été des élèves très assidus et ont bien fait leurs devoirs. Tu en doutais ?

> PAGE 80

Récréation / Exercice 12

Eh bien, les bonnes réponses sont les 1, 2, 3, 4.

Fabrication : Chloé Brossard
Photogravure : Reproscan
N° d'édition : 628690-0
Dépôt légal : mai 2024
Achevé d'imprimer en mai 2024 par Edelvives